Lebenstraum

AF285344

Gedichte
   gereimt
      und
         ungereimt

Margot Weinand

Impressum

© 2021
Herstellung und Verlag:
BoD – Books on Demand,
Norderstedt
ISBN: 978-3-7534-0815-6

Inhaltsverzeichnis

Vorwort

Unsere schnell lebende Zeit verlangt nach Pausen. Gedichte helfen inne zu halten und sie mit Phantasie zu füllen. Diese Gedichte sind eine Zusammenfassung erlebter Gedanken und Begegnungen, aus der Vergangenheit und Gegenwart.
Schreibe über unsere Natur auch über Nettigkeiten am Rande. Mein Motto: „Gedichte für alle Momente des Lebens.".
Sie werden beim Lesen mein Motto erkennen. Wünsche Ihnen dabei die Freude, die ich auch beim Schreiben hatte.

Ihre
Margot Weinand

Bedeckter Morgen

Der Acker möchte leuchten weiß,
doch wie ein Muster ausgedacht
hat der Schnee doch nicht gereicht.
Drum bricht die kalte Erde dann bahn.
Jetzt wirkt das Feld zwar winterlich
Unterbrochen noch mit kalter Erde.

Sparziergang scheut den Winter nicht.
Bald zeigt der Acker Frucht zur Ernte.
Kristalle glitzern an den Bäumen
Ein weißer Teppich hüllt uns ein.
Flocken bringen uns zum Träumen.
Bald wird es wieder Weihnacht sein.

Fliege

Ein Spiegel hängt in unsere Diele
Mich ärgert nur die freche Fliege
Die immer in meiner Nähe bleibt
Ich denke mir dabei so, mancherlei.

Angst

Aus dem Herzen fällt die Angst,
dein Gefühl, du dann auch bannst,
kaum zu fassen das neue Glück,
Angst kehrt dann ins Herz zurück.

Erinnerung am Meer

Manchmal gleicht das Herz dem Meer
dass bei Flut und Ebbe hin und her
dabei man dann so manche Kiste
hervorbringt, die man nicht vermisste

von Sorgen erdrückt und belastet
Problemen erkannt und befasste
in Erinnerung erkannte als Frucht
die man lange nicht mehr gesucht

Alter Baum

Sein breiter Stamm
ausgehöhlt am Rand er stand
Kinder hatten ihn entdeckt
wählten dies als ihr Versteck
immer noch erfüllt der Baum
einen alten Kindertraum

Am Bach

Geht am Bach entlang
Sträuchern und Bäumen
den Rand abstecken
spricht nur mit sich selbst

Mund wird trocken
hat Angst zu sprechen
verschließt die Augen
eilt nach Hause

Am Meer

Spürten Kühle unter den Füssen
Schaum umspielte unsere Zehen
Wellen brachen die spiegelnde Sonne
Geruch von würzigem Duft der Algen

Hell stand die Sonne am Himmel
Wir fanden in den Dünen
einen schattigen Platz
zum Schlafen.

Ich träumte, die Sonne kitzelte die
Nase
wollte weiter träumen
sie hatte sich mit dem Sand
angefreundet

wurde wach, spürte nicht seine Nähe.
warum war ich allein?
Zwischen Möwenschreie
hörte ich ihn, er pfiff fröhlich eine
Melodie ich winkte ihm zu.

Winterlandschaft

Riesig dehnt sich die weiße Fläche,
Der kalte Wind er regt sich nicht.
Der Rabe im Berg von Schnee und Eis
er bringt heraus kein Bissen Speis.

Gräbt dann sich ganz tief hinab
Glaub er selbst gräbt dort sein Grab.
Sonne wirft ein Blick aufs Öde Land
Sie offenbart den Tod im Felsgewand

Wenn der Winter wirkt

Wenn die Flocken leise fallen,
geht ein Zauber übers Land.
Alles scheint auf einmal friedlich
Wie mans vorher nicht gekannt.

Wenn verschneit, die wilden Fluren
Liegt das Bächlein still und starr.
Spiegeln sich im hellen Mondlicht
Eiskristalle wunderbar.

Wunderbar

Winter lässt uns nun gelangen
schmelzt die Eiskristalle fort.
Lässt das Wasser wieder fließen.
Schnell zu einem anderen Ort.

Die Natur erwacht zu neuem Leben
Und der Kreislauf schließe sich
Eiskristalle wird es wiedergeben.
Auch ein Winter sicherlich.

Der Winter breitet sich vor

Wenn das Laub vergammelt
Bäume im Winde schwanken
Wenn Menschen Pilze sammeln.
Bauern für die Ernte danken

Sich der Nebel zögernd lichtet
Das Jahr sich für den Winter richtet
Dunkle Zeit braucht licht.
erwarten den Schnee dann schlicht

Wie liegt die Welt

Wie liegt die Welt, so frisch und traurig,
vor uns im Morgensonnenschein.

Entzückt von hohen Hügeln,
schau ich ins Grüne Tal hinein.

Wird auch mal der Himmel grauer,
wer voll Vertrauen die Welt besieht,

den freut es, wenn ein Regenschauer,
ein Sturm und Blitz Vorüberzieht.

Stimmungsbild

Sie fühlt sich den Regentropfen
an der Fensterscheibe ganz nah
leise tropfen ihre Tränen
wann hat das Warten ein Ende.

Sterne

zähle mir Sterne in die Augen
Stille die erschreckt
um den Sonnenstrahl
der in der Nacht uns wärmt

Sprechende Hände

Seine Augen durchforschten ihr
Gesicht
seine Hände sprachen Worte
sein Mund blieb stumm Sie verstand

Spielplatz

Kinder bauen Staudamm Sand mit
Wasser vermengt

Damm bricht. Strahlende kreischende
Kinder wie einfach Sand Wasser
bauen brechen Sinn des Aufbauens
eine Freude Sinn Kind zu sein

Sonnenaufgang

Sonne geht auf nach der
Morgendämmerung
Mond verblasst, wenn der
Sonnenaufgang beginnt.
Efeuranke wählt den Lauf
an knöchernen Ästen
Der Herbst macht Platz für Schnee
Der Frühling wird grüßen mit Klee

Sommerbildnis

Wenn im Sommer der rote Mohn,
wieder blüht im gelben Korn,
das Kornblumenblau leuchtet schon,
man hört des Finken süßen Ton.
Hinter Busch und Gärten,
Liebe zu den Vögeln sich bewährte.
Dies überall weit und breit
Dann erfüllt sich unsere Zeit

Das Wetter sommerlich dann ist,
weil sie mit vollem Masse misst.

Sieh die Sonne

Sieh nur wie sie leuchtet diese Rose,
welch satter Duft zu dir herüber weht.
Doch lose haftet ihre Pracht.
Streift deine Lust sie, halte über Nacht
die weißen Blätter in der heißen Hand.

Anglertraum

Träumt und verliert seinen Fang,
ist erschrocken ihm wird bang.
Langsam wird's hell am Horizont,
das Angeln hat sich nicht gelohnt.

Er geht ins Zelt, holt sich den Schlaf,
hat Kraft gefunden für den Tag.

Schönes Winterkleid

Schönes Winterkleid
Der Winter trägt ein schönes Kleid
Klare Sicht mit vielen Sternen,
manchmal vertreibt er Einsamkeit
manches liegt dann in der Ferne.

Schnee

Schließe die Hütte auf
in der Kälte und Schnee
es miteinander treiben.
Die Liebe hat sie nie erreicht
Doch als sie hat Glück erfahren
in ihr ist es hell in ihr das Licht

Ruhe im Gras

Jetzt ruhe ich im hohen grünen Gras
Und sende gern mein Blick nach oben,
Grillen umschwirrt ohne Unterlass
Himmelsbläue wundersam umwoben.

Weiße Wolken ziehen dahin.
tiefe Bläue wie schöne stille Träume,
mir ist als wenn ich weit geflogen wär
und besuchte weite Himmelsräume.

Rauer Sinn

Du brichst hinein mit rauem Sinn,
wie der Wind in einem Wald.
Wie ein Duft wehst du dann hin
eine dir selbst verwandelnde Gestalt.

Oh wüsste müsste

Oh wer um alle Rosen wüsste.
Die in stillen Gärten stehen.
Oh wer dann um alle wüsste
Müsste wie im Rausch durchs
Leben gehen

Ob sich das gleicht

Vögel zwitschern Mücken tanzen
Im hellen Sonnenschein,
tiefgrün feuchte Raben,
sehen ins Fenster dann hinein.

Die Tauben gurren und kosen,
dort auf dem niedrigen Dach.
Im Garten jagen spielend
Die Buben, den Mädchen nach.
Leise weht der Wind
blühende Luft und Sonnenstrahlen
zu den Blüten im Garten
Blüten wachsen in Richtung Sonne.

Muntere Vögel

Zu dieser frühen Abendstunde,
ein frischer Wind, der für uns gilt.
Am Waldesrand melden sich Vögel,
wie sich der Tag zum andern stellt.

Die Unterhaltung scheint noch rege.
Doch bald verstummt die Vogelschar.

Auf der Straße

Sonne schließt langsam ihre Runde,
an den Straßen ein wildes hin und her.
Jeder möcht nach Hause eilen,
doch die Ruh, hat niemand mehr.

Und immer nimmt man sich dann vor
So achtsam zu sein, wie je zuvor.

Alte Heimat

In meine Heimat kam ich wieder,
Es war die alte Heimat noch
Dieselbe Luft, dieselben alten Lieder
Und alles war ein anderes doch.

Die Welle rauschte, wie vor Zeiten
Waldesrand sprang wie einst ein Reh
Von Ferne klang ein Abendleuten
Die Berge glänzten aus dem See.

Doch vor dem Haus wo vor Jahren
Die Mutter stets uns dann empfing,
dort sah ich fremde Menschen,
sah ein fremd Verhalten
wie weh, wie weh mir das geschah.

Aufs Neue

Mensch werden, zu dem geschaffen,
zu leisten, kann nur die Liebe machen.
Die sich erprobt in täglicher Treue
vollendet in der Vergebung aufs Neue.

Schimmelgrün

Schimmelgrünes Haus des Vergessen
Hab oft darin gewohnt und das Dunkel
der Verschwiegenheit erlebt

Im Garten

Behaglich sitz ich hier im Garten,
genieße leichten warmen Sommerwind
freu mich an den vielen Arten
bunte Farben hier versammelt sind

Belausche Vögel, suche zu entdecken,
zu welchem Tier wohl jener Ruf gehört.
zwei scheinen sich verliebt zu necken.
Anderer schimpft, was ihn so empört.

Begeistert meine Blicke schweifen,
ich träume einfach nur so vor mich hin.
frag nicht, nach meines Lebens Sinn.
Will nur die Möglichkeit ergreifen,
um mich zu freuen, daran dass ich bin.

Fenster

Abends ein halbgeöffnetes Fenster
Kopf voll leerer Gedanken; wie
Gespenster
Vom Wind getrieben, das rote Laub.
Fest klatschend mit Verlaub,

Und wieder fest gegen die Scheibe.
Vor lauter Schreck bekam ich meine
Leeren Gedanken wieder richtig klar,
und war im Augenblick dann ganz da

Laut

Leere Rübenwagen fahren heimwärts
Wagen poltern laut immer dasselbe
Geräusch
ist es nicht wie immer das Leeres
sich am Lautesten bemerkbar macht?

Frühling über Nacht

Frühling kommt sanft über Nacht
Blüten in ihrer Pracht
Sonne ist es, die es schafft
das Wetter Freude uns macht
im Garten hell die Osterglocken
wollen mit bunten Farben locken

jeder neue Tag verspricht
er schenkt zum Frühling Licht
Blüten in ihrer Pracht
Frühling kommt sanft über Nacht

Traumgebilde

Träumt manch sonnig Traumgebilde
Leise vom Himmel schwebt dahin
Jetzt die Nacht sie neigt sich milde
Sterne lächeln über sie.

Freundschaft

Traf den Freund von einst
schwaches Leuchten der Augen
flach sein Lächeln
leise seine Stimme
freuten uns an der Vergangenheit.

Felderfahrung

Da fliegt als wir durch Felder gehen
Ein Sommerfaden übers Land.
Eine leicht und Lichtgespinste Feen
und knüpft von mir zu ihr ein Band.

Ich nehme dies für ein günstig Zeichen
Ein Zeichen, wie die Liebe es braucht,
oh, Hoffnungen der Hoffnungsreichen,
aus Duft gewebt von Luft verhaucht.

Trübnis

Trübe der schwüle Sommertag
Dumpf und Traurig mein Ruderschlag.
Sterne um Sterne. Abend ist es ja,
warum seid ihr Sterne nicht zu sehen.
Bleich das Leben, bleich der
Felsenhang.
Schiff was flüsterst Du so frech und
bang.

Deine Nähe

Mir fehlen Worte will ausdrücken
wie deine Nähe mich bewegt
unsere Blicke treffen sich
finde Antwort in deinem Lächeln

deine Hände berühren mich
leise ein Hauch finde Worte

Dämmerung

Graue Dämmerung über weiten
Wiesenplan
Müde mit rotgelaufenen Wangen,
kommt der Tag im Westen an,
atemlos sinkt er dort nieder.
Seine lichtermatten Lieder
Fallen allmählich zu er träumt.

Geöffnetes Fenster

Abends ein geöffnetes Fenster
Kopf voll leerer Gedanken; wie
Gespenster

Vom Wind getrieben das rote Laub.
Fest Klatschend mit Verlaub,
dann wieder fest gegen die Scheibe
vor lauter Schreck bekam ich meine

leeren Gedanken wieder richtig klar.
Und war im Augenblick ganz da

Für kurze Zeit

Sie sind beide hingerissen sinken in
die weichen Kissen vergessen Zeit
und Raum. Genießen diesen Traum
den Traum von ihrem Paradies wo
man sie in Ruhe ließ

Und hätte der Liebe nicht

Liebe ist grösser
als alle Sprachen als alle Prophetie
als alle Erkenntnis
Dein Hals liegt anschmiegsam
in der Perlenschnur

Du bist eine Lilie unter den Disteln,
mein Arm unter deinem Kopf spüre
dein Herz schlagen es ist die Liebe
die sich ihrer Selbst freut

Hin und wieder

Mit dir im Paradies, Sterne nur für uns.
Licht das uns die Finsternis nimmt.
Spüre deinen Atem ein Hauch der jetzt
unsere Körper streift.

Hin zu ihm

In ihrer Einsamkeit
träumt sie sich hin zu ihm
will das Grün seiner Augen
wie einen Bergsee erleben

Im Sein

Schaust sie an erkennst Sprache
des Körpers die Stimme den Blick
siehst zwischen dem Sein
wie zwischen den Zeilen

Gedanken

Meine Gedanken begleitet vom Klang
der Musik längst vergangener Jahre.
Mein Blick zum blauen Himmel
Kleine weiße Wolken vom Wind
getrieben.
So geht es mir meine Gedanken
zerreißen.
Sie kommen zusammen. Ich versuche
zu schreiben
Der Klang der Musik in mir wird lauter
es klingt wie der Abschied eines
Schiffes.
Bleibe zurück im Hafen die Musik ist
verstummt
Ich schreibe Gedanken aufs Papier.

Es liegt in dir

Weißt du wo das Glück zu Hause ist
Weißt du wo dein Herz zur Ruhe
Kommt suche es nicht in
Äußerlichkeiten, es liegt in dir.

Freude

So ist groß die Freud.
die Scheune ist gefüllt.
Zu dem Fest der Ernte
Dank zum Himmel steht.

Glühwürmchen

Ihr Leben ist kurz.
In heißen Nächten suchen sie sich
in der Dunkelheit finden sie sich
bleiben ein Leben lang zusammen.

Danke dafür

Dass ich nicht unterbrochen wurde
etwas Gutes zustande zu bringen.
denn nur das, was aus der Freude
geschaffen aus der Liebe geschenkt
und aus der Leidenschaft begleitet
wurde.
Kann etwas Gutes bewirken.

Die bunten Blätter fallen

Der Baum, nackt und kahl
Er trotzt der Winterkälte,
er hat ja keine andre Wahl.
Als zu sein in seinen Welten
Sein Platz bei Sturm und Wind.

Wo auch die anderen Bäume sind.
Der Frühling er kommt bestimmt.

Sommer ist vorbei

Der Sommer wird jetzt abgelöst.
Die kurzen Tage nichts verschönt.
Die Wärme gibt sich selber auf.
Ungemütlich dann die Kälte drauf.
Der Mensch ohne Rast und Ruh,
erkennt ein schöner Herbst bist du

wie du die Blätter golden färbst
purer Schön im goldenen Herbst

Neuer Tag

Tau liegt auf der Wiese, Streifen am
Himmel. Durchbruch dunkler Wolken.
Vorboten der Sonne.

Sie läuft mit nackten Füssen auf dem
weichen Rasen. sie zählt die Schritte
zart grüßt der neue Tag.

Opas Brille

Vor den Blumen liegt Opas Brille
was haben diese Gläser schon alles
gesehen?
Es lohnt sich ganz bestimmt möchte
Bilder finden, und sie zum Buch binden

Lebenseinstellung

Erlebt eure Leben in der eigenen Welt.
Es bleibt schön zu Hause mit und ohne
Geld.
Ihr habt keine Gewalt über die Zeit
aber entscheidet selbst, wie und wo
eure Zeit verbleibt.,
Lasst euch überraschen von der Natur.

Liebe wie eine Rose

Sie haben sich gefunden fühlten
sich glücklich er gab ihr die Liebe
sie gab ihm ihr Leben es ist wie
eine Rose die nie vergeht
verliert sie im Winter einmal ihre
Schönheit blüht danach wieder auf

Liebe im Alter

Zärtliche Stille liebe im Alter
rücksichtsvoll helfend
Trennungsängste ihrer Seelen
vertraute Schlafgeräusche
Sie hält seine Hand spürt den leisen
Druck sie weiß
Erinnerung Ihrer ersten zarte Liebe

Nur du

Stunden ohne dich sind leer
blicke auf die Uhr achte auf Schritte
mir fehlt Geduld warte auf dich will Zeit
mit dir füllen alleine nur mit dir

Sah sein Herz

Sie sah sein Herz schlagen
spürte seine Zärtlichkeit
sein Mund verschloss ihre Lippen
sie spürte stillen Atem

Sie erinnert sich

Sie erinnert sich gerne daran als sie in
seine Augen sah es fiel der erste
Schnee
sie tauschten Zärtlichkeiten leider hat
sie seit Jahren keinen Schnee mehr
erlebt

Suche dich

Das niemals gesprochene Wort
bleibt die Wurzel meiner Träume
suche nach Freiheit für mein Herz
mit dir reden teilt den Schmerz
will mich frei entfalten in der Ruhe
abzuschalten, in den Tiefen unserer

Seelen wird die Liebe nicht fehlen.
mit geöffneten Augen du glaubst

Wandlung der Liebe

Lange ist es her, dass seine Lippen
zärtliche Gefühle in ihr weckten
dass sie in seinen Augen Sterne sah
lange ist es her, ein Blick in ihre Augen
ihn erschauern ließ ist es vorbei?
Jetzt berühren seine Lippen
zärtlich ihren Mund, sie schenken sich

Sie sucht nach ihm

Alles in ihr brennt durchlebt Stürme
Er war da, wenn sie ihn brauchte
Sucht seine Hand die sie liebkoste
seine Augen aus denen Liebe sprach
Sie sucht seine Arme die sie in Liebe
getragen
sie sucht nach ihm.

Silbersplitter

Sein Herz sah nur Silbersplitter
an den Wimpern.
Sie wurden von ihm weggeküsst.

Rasen

Frisch gemähter Rasen Spatz nutzt die
Fläche
lockt mit Klopfzeichen den Regenwurm
Täuschungsmanöver wie im richtigen
Leben.

Stechende Sonne.

Die Sonne lacht jetzt nicht mehr,
sie sticht tief unter meiner Haut.
Ihr ist das Lachen vergangen
weil ihr das Wasser fehlt.

Casa Moscha

Gästehaus am Lago Maggiore
Eine riesige Palme am Haus
um den Stamm eine Bank
   auf ihr saßen wir.
saugten mit unseren Blicken
die untergehende Sonne.
Hinter tiefblauem Wasser
   sahen wir eine Insel
      schwimmen.
   Diese Schönheit
gab uns ein starkes Glücksgefühl
   die Sonne hatte uns einen
    schönen Casa-Moscha
   Sonntag geschenkt.

Wir wussten nicht

Dass andere an ihnen bauten
wir brachten Vertrauen,
Glaube, Liebe und Pflege, doch dies
ward nicht gefragt in ihrem Leben.
Es gab in dem Jahr viel Resignation,
die uns schweigen lies in der Situation.

Spätsommer

Sonnenblumen verneigen sich.
Kastanien platzen
Vogelgezwitscher in vielen Stimmen

über Felder und durch Wälder
Alle träumen vom Abschied

Sonne ins Bett

Im Morgengrauen hole ich mir die
Sonne ins Bett
erzähle ihr von meinen schönen
Träumen
träume mit ihr weiter nicht lange,
denn ihre Zeit am Himmel.

Saiten des Lebens

Viele Saiten deines Lebens habe ich
gelesen
habe manches überschlagen fühle
mich geliebt
warte auf neue Saiten von dir danke
Dir auch für Überraschendes ich bin
Unsagbar glücklich
in den Saiten unserer Liebe

Spannung

Am Saum des Schweigens
fallen Worte die du nie gekannt
jetzt ist das Geheimnis
gelüftet Spannung dahin

Sie bleibt bescheiden

Will ihre Schönheit in Worte kleiden
sie kann dazu nur schweigen
er beginnt zu schreiben
doch sie bleibt bescheiden
gemeinsam erleben sie die Zeit
die ihnen dazu noch verbleibt

Unsere Welt

was hält uns in unserer Welt
es ist die Zeit
es ist das Geld
es sind Augenblicke die uns freuen
manchmal auch das Leid.

Wasserfall

Wasser peitscht gegen den Felsen
Hand in Hand gehen wir die
steinige Treppe hinauf.
wir halten uns am Geländer fest.
Wir reden miteinander
der Wind und das Wasser

wehen die Worte weg
Sind es die Worte die nie ankommen

An der schiefen Tanne

Ein Symbol für das Leben,
jene Tanne droht zu schweben
groß geworden sie jetzt ist
wie alt genau, bleibt ungewiss
gewachsen ist sie krumm
kein andrer Baum fiel deshalb um

Man erkannte mit großem Schreck.
Sie hat kein Platz auf diesem Fleck
Die Blüten fielen ständig ab,
darum sie keine Früchte gab.
Ihr Rücken wurde nie gestärkt.
Allein die Natur, wirkte dies Werk.

Im Alter, da merkte sie schnell,
es bleibt klein ihr Lebensfeld,
Wo sie gestanden, der Platz ist leer
Andre Bäume haben mehr
Diese wachsen fröhlich weiter
Eichhörnchen nutzen sie als Leiter

Regenbogen

Ein Regenbogen in seiner Pracht.
Du vergisst den dunklen Himmel.
Du schaust und staunst, trinkst das
Wunder in Dich hinein und denkt
wann wird es von Gott geschenkt.

Ohne Arbeit

Die Hoffnung auf das große Geld
Erfüllte sich bei Firma Welt.
Als man es endlich hat erreicht,
Examen das im Wert doch bleibt.
Bewerbungen wurden geschrieben,
das ist bis heute so geblieben.

Man hat jetzt Zeit den ganzen Tag,
doch das Gelernte es liegt brach.
Kein Trost, dass es Vielen so geht,
hinter Zahlen der Einzelne steht.

Heu und Kornwagen

Wenn Heu- und Kornwagen leer,
wird leise Treckerfahren schwer

Leere Wagen poltern laut,
wenn sie fahren dann hinaus.

Sind die Wagen gefüllt mit Heu
Fährt der Landwirt ohne Scheu

Jeder Bauer. wenn er weise
Denkt leeres poltern niemals leise

Vita

Margot Weinand 1933 in Essen
geboren.
1939 Einschulung in die Volksschule
1947 Erfüllung der Schulpflicht
1947 soziales Pflichtjahr
1948 kaufmännische Lehre
1951 Abschluss
Kaufmannsgehilfenbrief
Beginn Berufstätigkeit und
Weiterbildung Handelsschule Steno
und Schreibmaschine.
1958 Selbständigkeit Schreib-
Spielwaren und Schulbedarf
1965 Heirat
1970 Berufsbegleitende Ausbildung
1973 Berufung in die Jugendhilfe.
1998 in den Ruhestand
Schreiben von Gedichten und seitdem
Mitglied des Autorenkreises

Bereits erschienen

Bereits veröffentlicht
Gedichtbände BoD Verlag
Alles hat seine Zeit
Gelebter Glaube
Höre den Frühling
Zeitwert
Unser Sommer
Wünsche mir Zeit
Lebensfreude
Lebensspuren
Lebenstraum

Kurzbiographie 2009
Eine Heimleiterin erzählt
Autobiographie 2018
Stöbern im Schatz meiner
Erinnerungen